W0315027

Ringraziamo vivamente tutte le persone che si sono avvicendate nella nostra cucina per gustare e sperimentare insieme a noi queste fantastiche ricette africane.
Ringraziamo in particolare Paolo Santarelli e Fabrizio Mandolini per le loro foto.
Buon Appetito!

CUCINA AFRICANA
Il sole nel tuo piatto
di Fatou Dieng e Lucia Santarelli

Edizione:
COSE D'AFRICA
Via Taranto, 5 - 64026 Roseto degli Abruzzi (Te)

contatti:
Tel. 333.2573487 - 346.8877342
kan.pap@gmail.com
info@cosedafrica.com
www.cosedafrica.com

© Copyright testi: PAP KAN

ISBN 978 88999910 1 2
Seconda edizione

In collaborazione con la SAVANA CULTURE

È vietata la riproduzione, anche parziale, con qualsiasi mezzo effettuata, compresa la fotocopia, anche ad uso interno o didattico, non autorizzata.

Fatou Dieng Lucia Santarelli

CUCINA AFRICANA

Il sole nel tuo piatto

Più di 70 ricette da gustare in compagnia

COSE D'AFRICA
EDIZIONI

Sommario

Dove trovare gli ingredienti o come sostituirli

L'Italia, oramai grande terra di immigrazione, propone quotidianamente una discreta diversità culturale, dalle sue città più grandi fino ai piccoli paesi. Girando questi luoghi, anche senza grande attenzione, possiamo notare bancarelle indiane, marocchine o senegalesi, ristoranti asiatici o africani ed, ogni tanto, sulla facciata di qualche edificio possiamo leggere "Negozio Multietnico"...Ecco! Quest'ultimo è un vero ponte gastronomico che collega l'Italia al Sud del mondo, poco importa se gestito da un maliano o da un pakistano, lì possiamo trovare tutti gli ingredienti che ci servono per sperimentare la cucina africana.

Nonostante ciò abbiamo ritenuto opportuno, nel corso del nostro lavoro, proporre degli ingredienti da sostituire a quelli più particolari e di difficile reperibilità, disponibili nel supermercato dietro l'angolo.

Alla discesa di questo ponte lasciatevi andare, seguite i nostri consigli, e vedrete che tra mortaio e tagliere, tra cottura veloce e lenta, riuscirete a far esprimere a questi ingredienti tutto il loro sapore ed a portare entusiasmo e aggregazione sulle vostre tavole.

CARNE

Nokhos

SENEGAL

Nokhos

Ingredienti

3 spicchi d'aglio, 1 cipolla, 1 peperoncino, 1 cucchiaino di pepe nero, 1 dado, sale

Preparazione

- **M**ettere nel mortaio il pepe nero in grani e pestare per tritarlo. Aggiungere gli spicchi d'aglio puliti, la cipolla tagliata in piccoli pezzi, il peperoncino ed il sale e pestare ancora. Aggiungere infine il dado e finire di miscelare il tutto.
- **N**ei piatti di pesce al "nokhos" classico viene aggiunto prezzemolo fresco, sempre pestato con gli altri ingredienti, in questo caso il condimento viene chiamato "roff".

Sossou Kani

(salsa piccante)

Ingredienti

100g di peperoncini freschi, 2 spicchi d'aglio, 1 cucchiaio di concentrato di pomodoro, 1 cucchiaio di mostarda, 2 cucchiai di olio di oliva, 1 cucchiaino di aceto, pepe e sale.

Preparazione

- **P**estare nel mortaio i peperoncini freschi con l'aglio riducendoli in poltiglia *(aiutarsi eventualmente con un po' d'acqua)*.
- **S**offriggere il tutto con olio d'oliva.
- **A**ggiungere i pomodori freschi e far cuocere per dieci minuti.
- **A**ggiungere il concentrato di pomodoro, la senape, l'aceto, pepe e sale e lasciar cuocere per altri dieci minuti.

Sossou Sobble

(salsa di cipolle)

Ingredienti

3 cipolle grandi, 1 cucchiaino di pepe nero, 1 peperoncino, 1 dado, 1 cucchiaio e ½ di mostarda, 1 spicchio d'aglio, 2 cucchiai di olio di arachidi, 2 cucchiai di aceto, 1 bicchiere d'acqua, sale

Preparazione

- **A**ffettare finemente le cipolle, metterle in un tegame con l'olio, il pepe in polvere, il peperoncino e l'aglio tritati. Cuocere per 10 minuti circa a fuoco moderato.
- Aggiungere l'acqua, la mostarda, il dado, l'aceto ed il sale.
- **L**asciar cuocer a fuoco lento per circa 30 minuti (*le cipolle devono essere ben cotte e la consistenza della salsa cremosa*).

La Cottura Del Riso Bianco

Ingredienti

(La qualità del riso nella cucina africana è molto importante. Si sceglie generalmente un tipo di riso detto "spezzato" che risulta avere grani molto piccoli e profumati. In sostituzione il riso "basmati" è il più adatto)

riso, acqua, sale

Preparazione

- **I**n una pentola mettere a bollire due dita d'acqua con un po' di sale.
- **S**ciacquare bene il riso e, quando l'acqua bolle, metterlo nella pentola, abbassare la fiamma al minimo e chiudere ermeticamente *(l'acqua deve superare di un dito e non di più il livello del riso, quindi se necessario aggiungerne o toglierne un po').*
- **A** seconda del tipo di riso che si sta preparando il tempo di cottura varierà; è importante però, a circa metà cottura, mescolare velocemente il riso cercando semplicemente di portare sopra quello che è sotto e viceversa. Coprire nuovamente per garantire una cottura il più vicina possibile a quella "a vapore".

Chebou Yap

Chebuo Yap

(riso con carne)

Ingredienti
(per 6 persone)

1 kg di riso bianco, 1 kg di montone *(o manzo)*, 1 dado, 2 l d'acqua, 2 cipolle, 1 cucchiaio di nokhos, 2 carote, 100 g di fagiolini, 200 g di mais, olive verdi, olio di arachidi, 1 cucchiaino di mostarda, 2 cucchiai di aceto, sale e pepe.

Preparazione

- **T**agliare in pezzi di media grandezza la carne e farla rosolare in olio di arachidi *(per preparare un chebou yap che si rispetti è molto importante far rosolare bene la carne perché è grazie a questo che tutto il piatto acquisterà quel colore ambrato che lo contraddistingue).* Dopo dieci minuti circa aggiungere la cipolla tritata grossolanamente, il dado e continuare a soffriggere il tutto ancora per qualche minuto.
- **A**ggiungere l'acqua e portare a bollore; unire la seconda cipolla tagliata grossolanamente, il "nokhos" *(pag.13)*, sale e pepe e far cuocere per almeno 15 minuti.
- **L**avare accuratamente il riso ed unirlo alla preparazione; portare a bollore, abbassare il fuoco al minimo, coprire e lasciar cuocere per circa 15 minuti, scoprire e mescolare, ricoprire e far cuocere per altri 15 minuti.
- **C**ontemporaneamente tagliare a cubetti o a listarelle le carote ed i fagiolini e farli sbollentare per qualche minuto in acqua salata. Condirli poi con una vinaigrette di olio, sale, aceto, mostarda e pepe nero.
- **D**isporre il riso con la carne in un piatto da portata, cospargerlo con le carote, i fagiolini, il mais e le olive; servire accompagnandolo eventualmente con la "sossou kani" *(pag.13).*

Nella cucina africana si parla sempre di ***concentrato di pomodoro*** *e* ***olio di arachidi o di semi,*** *questa è la disponibilità nella maggior parte dei paesi africani. Noi abbiamo la fortuna di avere olio di oliva e passata di pomodoro, possiamo quindi sostituire tranquillamente gli uni con gli altri (considerando comunque che l'utilizzo, anche parziale, del pomodoro concentrato garantisce al piatto un sapore più deciso).*

Mafe

Mafe

(riso bianco con carne e burro di arachidi)

Ingredienti
(per 6 persone)

1 kg di riso, 700 g di carne di manzo, 250 g di burro di arachidi, 1 cipolla, 1 patata grande, ½ manioca, 3 carote, ¼ di cavolo verza, 3 cucchiai di concentrato di pomodoro, 2 cucchiai di salsa di pomodoro, 1 cucchiaio di nokhos, olio di arachidi, sale e pepe

Preparazione

- **T**agliare la carne in pezzi di media grandezza e farla soffriggere in olio di arachidi per qualche minuto; aggiungere le cipolle e far soffriggere ancora per qualche minuto. Aggiungere poi il concentrato e la salsa di pomodoro, un bicchiere d'acqua e far cuocere per 10 minuti circa.
- **A**ggiungere un litro abbondante d'acqua, il "nokhos" *(pag.13)*, la manioca, le carote, la verza e, dopo qualche minuto, la patata. Lasciar cuocere per 10 minuti ed aggiungere il burro di arachidi. Far cuocere per 30 minuti circa (*si dice che il piatto sia pronto quando sulla superficie della salsa compare l'olio proveniente dal burro di arachidi*).
- **C**uocere contemporaneamente il riso bianco in un'altra pirofila *(pag.14)*.
- **S**ervire disponendo una quantità generosa di spezzatino, con la sua salsa, sul riso bianco.

Daxine

(risotto con burro di arachidi)

Ingredienti
(per 6 persone)

1 kg di riso, 700 g di carne di montone (*o manzo*), 1 cipolla grande, 100 g di ghedgi (*pesce secco, sostituibile con alici sott'olio)*, 150 g di burro di arachidi, 150 g di niebbe (*fagioli dell'occhio*), 1 cucchiaio di nokhos, 2 cucchiai di concentrato di pomodoro, 2 pomodori freschi, 20 g di tamarindo, 1 manciata di bissap bianco *(fiori di ibisco bianco)*, 2,5 l d'acqua, olio di arachidi, peperoncino, sale e pepe

Preparazione

- **M**ettere a bagno i fagioli 2/3 ore prima dell'inizio della preparazione.
- **T**agliare la carne in piccoli pezzi e farla rosolare in 4 cucchiai di olio; aggiungere metà cipolla tagliata a fettine, il concentrato di pomodoro ed i pomodori freschi tagliati a cubetti. Fare cuocere per 10 minuti ed aggiungere l'acqua.
- **A**ggiungere il pesce secco, il "nokhos" *(pag.13),* i fagioli, il tamarindo, il bissap, l'altra metà della cipolla, il peperoncino, sale e pepe. Portare ad ebollizione ed aggiungere il burro di arachidi. Lasciar cuocere a fuoco medio per 30 minuti circa.
- **L**avare accuratamente il riso, aggiungerlo alla preparazione, portare a bollore, abbassare la fiamma e far cuocer per 40 minuti (*fino a che non risulta ben cotto)* girando di tanto in tanto.
- **S**ervire accompagnando il piatto di portata con qualche fettina di limone.

*Il **tamarindo** ed il **bissap** hanno entrambe un sapore acidulo. In mancanza di questi aggiungere due cucchiai di succo di limone.*

Yassa poullet

(pollo con salsa di cipolle e riso bianco)

Ingredienti
(per 6 persone)

1 kg di riso bianco, 1 pollo, 4 cipolle, 1 peperone verde, 1 carota, 1 patata, 2 limoni, 1 cucchiaio e ½ di nokhos, olio di arachidi, olive verdi, sale e pepe

Preparazione

- **D**ividere il pollo in pezzi di media grandezza e metterli in un ampio recipiente a marinare con il "nokhos" *(pag.13)* ed il succo di un limone. Dopo un'oretta scolare il pollo a cuocerlo alla brace (*o in alternativa, in forno o fritto)* tenendo da parte la marinata.
- **P**reparare la "sossou sobble" *(pag.14)* con l'aggiunta del succo di un limone ed, eventualmente, del peperone verde, della carota e della patata tagliati grossolanamente.
- **C**ontemporaneamente lavare e cuocere il riso bianco *(pag.14)*
- **U**nire il pollo alla salsa di cipolle e farli cuocere assieme per 10 minuti circa.
- **S**ervire quindi il pollo con la salsa disponendolo su un letto di riso bianco e guarnendo con qualche oliva verde.

Poulet Rôti

(pollo arrosto)

Ingredienti

(per 6 persone)

1 pollo grande, 50 g di burro, 2 cucchiai di mostarda, 1 spicchio d'aglio, 1 cucchiaio di nokhos, un cucchiaino di pepe, 2 cipolle grandi, ½ kg di patate, maionese, 1 cucchiaino di timo, 4 cucchiai di aceto *(o limone)*, sale.

Preparazione

- **P**ulire il pollo e bucarlo in vari punti con il coltello per inserirci metà del "nokhos" *(pag.13)*.
- **M**iscelare il "nokhos" restante con l'aglio tritato, il pepe, la mostarda, il timo, l'aceto ed il sale. Cospargere il pollo con il composto e lasciarlo marinare per un'ora circa.
- **M**ettere il pollo, con tutta la salsa di marinatura, in una padella capiente e cuocerlo a fuoco basso per 20 minuti circa.
- **P**rendere poi una teglia e imburrarla, metterci il pollo, far fondere il burro e versarvelo sopra.
- **I**nfornare a forno ben caldo *(180°)* e far cuocere per un'ora abbondante.
- **F**are la "sossou sobble" *(pag.14)* e friggere le patate tagliate a listarelle.
- **L**avare bene l'insalata e condirla con una vinaigrette fatta con olio d'oliva, un cucchiaino di senape, sale, aceto balsamico ed un goccio di salsa di soia.
- **C**omporre il piatto di portata creando una corona con l'insalata già condita, le patate fritte, la salsa di cipolle ed un po' di maionese. Mettere al centro il pollo e servire.

Poulet Roti

NIGERIA

Garri

(polenta di manioca)

Ingredienti

(per 6 persone)

500 g di farina di manioca *(precotta),* 1 l d'acqua, sale

Preparazione

- **M**ettere a bollire l'acqua salata, buttare a pioggia la farina di manioca e mescolare frequentemente in maniera tale da non formare grumi.
- **C**uocere per 10/15 minuti.
- **S**i serve come accompagnamento per gran parte dei piatti nigeriani.

Dodo

(platano fritto)

Ingredienti

platano *(o banane grandi*), olio di arachidi

Preparazione

- **T**agliare le banane a rondelle, asciugarle accuratamente e friggerle in olio di arachidi ben caldo.
- **A**sciugare l'olio in eccesso e servire come contorno o come dolce.

Dodo

Jollof Rise

(riso con pollo e verdure)

Ingredienti
(per 6 persone)

1 pollo, 700 g riso, 1 l di brodo, 2 cipolle, 3 spicchi d'aglio, 3 cucchiai di concentrato di pomodoro, 4 pomodori maturi *(o pelati)*, 1 peperone verde, 2 carote, 200 g di fagiolini, ½ cavolo, olio di arachidi, peperoncino, sale e pepe.

Preparazione

- **P**ulire e tagliare il pollo in grandi pezzi; in una padella capiente mettere l'olio e rosolarci il pollo fino a doratura. In una pentola scaldare il brodo ed immergerci il pollo; lasciare cuocere per 20 minuti circa.
- **N**ella padella in cui abbiamo rosolato il pollo mettere le cipolle a fettine, l'aglio tritato, il peperoncino e far rosolare per qualche minuto.
- **A**ggiungere il pollo con il brodo nella padella, aggiungere il concentrato di pomodoro, far cuocere per qualche minuto, aggiungere il riso, i pomodori, il peperone, le carote, i fagiolini ed il cavolo, tutto tagliato in piccoli pezzi. Portare a bollore, abbassare la fiamma e far cuocere per una ventina di minuti.
- **S**ervire con l'aggiunta eventuale di “dodo” *(pag.24)* e uova sode.

Egusi Soup

(zuppa con carne)

Ingredienti

(per 6 persone)

3/4 tazza di semi di zucca (*l'egusi è un frutto simile al melone ma il sapor dei suoi semi si avvicina più ai nostri semi di zucca tostati)*, 1 e 1/2 kg di manzo a cubetti, 1/2 tazza di olio di arachidi, 2 pomodori grandi tritati, 1 cipolla tritata, 2 peperoncini habanero tritati senza semi, 50 gr di salsa di pomodoro, 3 cucchiai di concentrato di pomodoro, 1 e 1/2 tazza di brodo di pollo, 2 kg di gamberetti sgusciati, 1 kg di spinaci tritati

Preparazione

- **F**rullare i semi di zucca fino ad ottenere una pasta farinosa.
- **I**n una grande pirofila scaldare l'olio e soffriggerci la carne fino a completa doratura.
- **F**rullare cipolle, pomodori e peperoncino e aggiungerli alla carne, abbassare la fiamma e coprire. Cuocere per 30/40 minuti fino a che la carne non risulti tenera.
- **A**ggiungere la salsa di pomodoro, il concentrato, il brodo ed i gamberetti e cuocere a fuoco basso per altri 10 minuti.
- **A**ggiungere in fine gli spinaci e i semi di zucca e cuocere per altri 10 minuti circa.
- **S**ervire ben caldo accompagnando la zuppa con patate lesse, riso bianco o "garri" *(ricetta p. 24).*

Stufato di carne in olio di palma

Ingredienti
(per 6 persone)

1 kg di carne di manzo, 1 l d'acqua, 2 cucchiai di olio di palma, 1 cipolla grande, 1 peperoncino fresco, un cucchiaino di peperoncino in polvere, 500 g di pomodori pelati *(o freschi),* sale e pepe

Preparazione

- **T**agliare la carne a cubetti, metterla in una pentola, coprirla d'acqua, salare e far cuocere per circa trenta minuti *(la carne deve risultare tenera).*
- **I**n un'altra pentola far scaldare l'olio di palma *(in sostituzione può andar bene anche olio di arachidi anche se il sapore finale del piatto cambierà notevolmente)*, tritare finemente la cipolla e farla rosolare per qualche minuto. Aggiungere poi il peperoncino fresco, quello in polvere, i pomodori pelati e far cuocere per 10 minuti circa.
- **U**nire la carne al soffritto e far cuocere per altri dieci minuti.
- **S**ervire con riso bianco o "garri" *(pag.24).*

Chicken Suya

(spiedini di pollo)

Ingredienti
(per 6 persone)

1 kg di petto di pollo, 2 cucchiai di olio di arachidi, 3 cucchiai di arachidi tostate tritate finemente, 1 cucchiaio di aglio in polvere, 1 cucchiaio di zenzero in polvere, 1 cucchiaio di paprika, 2 cucchiai di pepe di cayenna in polvere, 1 cucchiaio di cipolla secca in fiocchi, sale

- **M**iscelare tutte le spezie insieme in una ciotola.
- **T**agliare il pollo in in piccoli pezzi, cospargerli con la miscela di spezie e lasciar riposare per almeno 10 minuti.
- **I**nfilare il pollo su degli spiedini e spennellare con una miscela fatta con l'olio e le arachidi tritate. (*Si possono usare spiedini di ferro o di bambù, nel secondo caso è consigliabile mettere a bagno gli spiedini 10 minuti prima in mani era tale da non farli bruciare una volta sul fuoco).*
- **S**alare gli spiedini, porli sul barbecue o nel forno e cuocerli bene da entrambi i lati.
- **S**ervire accompagnando gli spiedini con riso bianco *(pag.14)*.

ERITREA

Injera

(pane eritreo)

Ingredienti

500 g di farina di frumento, 500 g di farina di mais, 250 g di semola di grano duro, 25 g di lievito di birra, 500 g d'acqua.

Preparazione

- **M**escolare tutti gli ingredienti in una ciotola capiente, impastare bene, coprire e lasciar riposare per 2 o 3 giorni.
- **L**avorare l'impasto fermentato con acqua fino a farlo diventare fluido *(come una classica pastella per crepes)*.
- **S**caldare una padella antiaderente e versate il composto in modo da avere uno spessore di 3-4 millimetri. Quando inizia a rapprendere devono comparire le bollicine, che danno la caratteristica consistenza spugnosa al pane. Coprire e lasciare cuocere per circa 3 minuti, evitando che prenda colore.
- **L**asciar raffreddare su un canovaccio evitando di sovrapporre le crepes finché non sono fredde.

Berberé

(mix di spezie)

Ingredienti

2 cucchiaini di semi di cumino tostati, 1 cucchiaino di semi di cardamomo tostati, 1/2 cucchiaino di pepe di Giamaica o pimento, 1 cucchiaino di fieno greco, 1 cucchiaino di semi di coriandolo, 8 chiodi di garofano, 1 cucchiaino di pepe nero, 5 cucchiaini di peperoncino, 1 cucchiaino di zenzero, 1 cucchiaino di curcuma, 1 cucchiaino di sale, 3 cucchiai di paprika, 1/2 cucchiaino di cannella.

Preparazione

- **T**ritate tutte le spezie con un robot da cucina. Conservare in un vaso di vetro ben chiuso. Si usa per condire carni, verdure e riso.

Zighinì

(stufato di carne piccante)

Ingredienti
(per 6 persone)

1 kg di manzo, 1 kg di pomodori pelati, 2 cipolle, 4 spicchi d'aglio, 2 cucchiai di burro chiarificato, 5 cucchiai di "berberé", 2 bicchieri d'acqua, olio di arachidi, sale

Preparazione

- **M**ettere poco olio di arachidi in una padella capiente e soffriggervi la cipolla e l'aglio per 5 minuti.
- **A**ggiungere il burro chiarificato *(pag.33*), il "berberé" *(pag.30)*, l'acqua ed il sale. Far asciugare per qualche minuto, aggiungere i pomodori pelati, un bicchiere d'acqua e far cuocere per altri 15 minuti
- **A**ggiungere la carne a lasciar cuocere per almeno un'oretta, fino a quando la carne risulta morbida e la salsa densa.
- **S**ervire con "injera" *(pag.30)*.

***Burro Chiarificato**: mettere a sciogliere il burro in una pentola a bagnomaria, quando si scioglie lasciarlo sobbollire per qualche minuto. Togliere i residui schiumosi e colare con una garza fino a quando il burro non raggiunge la limpidezza dell'olio.*

Tsebhi Derho

(pollo piccante)

Ingredienti
(per 6 persone)

1 kg di pollo, 3 cipolle, 2 cucchiai di “berberé”, 1 cucchiaino di zenzero in polvere, 2 spicchi d'aglio, 2 cucchiai di succo di limone, 2 cucchiai di concentrato di pomodoro, 5 pomodori pelati, 6 uova sode, olio di arachidi, sale e pepe

Preparazione

- **P**ulire bene il pollo e tagliarlo in grossi pezzi. Metterli a marinare con una miscela di limone e sale per circa 30 minuti.
- **I**n una padella capiente scaldare l'olio e soffriggervi le cipolle tritate; dopo qualche minuto aggiungere il “berberè” *(pag.30)* e soffriggere ancora per circa 5 minuti.
- **A**ggiungere poi il concentrato di pomodoro, i pomodori pelati, lo zenzero, l'aglio tritato e far cuocere per 15/20 minuti a fuoco basso aggiungendo eventualmente un po' d'acqua.
- **A**ggiungere poi il pollo, mezzo bicchiere d'acqua e far cuocere bene per almeno 40 minuti.
- **S**ervire con “injiera” *(pag.30)* e guarnire il piatto con le uova sode tagliate a fettine (*molti dei piatti eritrei vengono serviti con l'aggiunta di uova sode per smorzare il gusto piccante*).

Tajiné

(stufato di carne e verdure)

Ingredienti

(per 4 persone)

(Per la preparazione del Tajine generalmente si usa una pentola, chiamata con lo stesso nome del piatto, fatta di coccio e costituita da una base tonda e piatta ed un coperchio molto alto dalla forma conica. In mancanza di questa sarebbe sempre meglio utilizzare una pentola di coccio visto che la preparazione richiede una cottura lunga e lenta)

600 g di carne di manzo (*un taglio molto tenero*), 2 pomodori, 1 cipolla grande, 2 patate, ½ bicchiere di olio di oliva, 1 cucchiaio di olive verdi, 1 carota, 1 zucchina, 2 cucchiaini di cumino, 2 cucchiaini di pepe, 1 cucchiaino di zafferano, ½ tazza d'acqua, sale e pepe

Preparazione

- **M**ettere la base del tajine sul fuoco ed aggiungere l'olio d'oliva. Ad olio ben caldo aggiungere la carne e farla soffriggere per circa 10 minuti. Abbassare il fuoco.
- **P**ulire le verdure e tagliarle a fettine di circa ½ centimetro di spessore; disporle sopra alla carne creando una specie di piramide. Fare attenzione a mettere le verdure una sopra l'altra a seconda del grado di cottura che necessitano: prima le patate, poi le carote, poi le zucchine ed infine le cipolle. Cospargere il tutto con il mix di spezie e salare.
- **F**ar sciogliere lo zafferano in un bicchiere d'acqua tiepida e versarlo sulla preparazione aggiungere poi le olive verdi.
- **C**oprire con il coperchio di coccio e lasciar cuocere a fuoco basso per circa un'ora
- **T**agliare i pomodori a pezzi, disporli sulla preparazione, irrorare con ½ bicchiere d'acqua salata *(o di brodo di carne*), coprire nuovamente e far cuocere per altri 20 minuti.
- **S**ervire ben caldo.

Harirà

(zuppa di carne e legumi)

Ingredienti
(per 4 persone)

250 g di carne di agnello, 100 g di ceci (*lasciati in ammollo dalla sera prima*), 100 g di lenticchie, 1 cucchiaio di concentrato di pomodoro, 8 pomodori tagliati a cubetti, 1 cucchiaio di burro, 1 gambo di sedano tritato, 1 cipolla tritata, ½ cucchiaino di zafferano, ½ cucchiaino di curcuma, 4 cucchiai di coriandolo fresco *(o prezzemolo)* tritato, ½ cucchiaino di pepe nero, ½ cucchiaino di zenzero in polvere, 1 tazza di farina, 1 l d'acqua, sale

Preparazione

- **M**ettere il burro in una pentola e farlo sciogliere bene; aggiungere la carne tagliata in piccoli dadini e far soffriggere bene per 10 minuti circa.
- **A**ggiungere l'acqua e tutti gli ingredienti (*legumi, verdure e spezie*), tranne il sale. Portare a bollore a fuoco alto, abbassare la fiamma e far cuocere per 2 ore e ½ circa.
- **V**erificare che i legumi siano cotti *(in caso di necessità prolungare la cottura)*, aggiungere ½ l d'acqua, il sale, coprire e riportare a bollore.
- **S**ciogliere la farina in una ciotola d'acqua tiepida ed unirla alla zuppa mescolando continuamente in modo tale da non far formare grumi. Far cuocere per 10 minuti ancora. Aggiungere il coriandolo fresco tritato e mescolare bene.
- **A**ggiungere eventualmente ancora una tazza d'acqua se risulta troppo densa (*a seconda dei gusti*), correggere di sale e servire ben calda.

Tajiné

Harirà

Cous Cous Maroccain

Ingredienti
(per 6 persone)

(Per cucinare il cous cous generalmente si usa la cuscussiera, una pentola composta da due contenitori che si sovrappongono, quello basso per il brodo e quello alto per il cous cous. In mancanza di questa cuocere il cous cous a vapore e separatamente il brodo in una pentola dai bordi alti)

1 kg di cous cous, 1 kg di carne di vitello, 4 cipolle, 3 pomodori, 3 cucchiai di ceci (*lasciati in ammollo dalla sera prima*), 1 cavolo, 500 g di zucca, 3 rape, 2 melanzane, 3 carote, 2 peperoni, coriandolo fresco (*o prezzemolo*), 4 chiodi di garofano, 1 peperoncino, 1 bicchiere di succo di limone, 200 g di burro, 1 bicchiere di olio d'oliva, 6 l d'acqua circa, ½ cucchiaino di zafferano, sale e pepe.

Preparazione

- **T**agliare la carne in piccoli pezzi. Pulire il cavolo eliminando la parte centrale più dura. Mettere la carne nella parte bassa della cuscussiera, aggiungere il cavolo, 2 cipolle con inseriti i chiodi di garofano, i ceci, lo zafferano, il pepe, il sale e l'acqua. Portare a bollore
- **N**ella parte alta della cuscussiera mettere il cous cous ed appoggiarlo sopra il brodo in cottura (*è molto importate che non esca il vapore se non dall'alto; è consigliabile quindi chiudere, avvolgendo con un panno, la fessura tra le due parti della cuscussiera*). Cuocere per circa 30 minuti.
- **T**ogliere il cous cous, metterlo in un grande piatto fondo separando i grani gli uni dagli altri. Versarci sopra 2/3 mestoli di acqua fredda leggermente salata e lasciare riposare.
- **A**ggiungere al bollito le altre due cipolle, i pomodori, le rape, le carote, le melanzane e lasciar cuocere per 10 minuti. Aggiungere le patate, la zucca *(ancora con la buccia altrimenti si sfalda)*, il coriandolo, il peperoncino e riportare a bollore.
- **F**ar bollire per dieci minuti e sovrapporre nuovamente il cous cous con l'aggiunta di olio di oliva (*separando nuovamente i grani*). Far cuocere il tutto per ancora 5/10 minuti (*verificare la cottura dei vari ingredienti ed eventualmente correggere di sale).*
- **S**ervire disponendo il cous cous a corona in un grande piatto da portata, mettere al centro la carne con le verdure ed irrorare con il brodo.

Attiéké

(cous cous di manioca)

Ingredienti

attiéké, acqua, sale, burro

Preparazione

- **V**ersare l'attiéké in una scodella; mettere a bollire dell'acqua leggermente salata.
- **V**ersare l'acqua bollente dentro la scodella, mescolare bene e coprire ermeticamente. Attendere qualche minuto, verificare che il cous cous abbia assorbito tutta l'acqua e mescolarlo un po' per separare i grani gli uni dagli altri.
- **A**ggiungere qualche noce di burro e mescolare bene (*se necessario ripetere il procedimento ancora una volta).*

Kadjenou

(pollo stufato)

Ingredienti
(per 6 persone)

1 pollo, 2 cipolle tritate, 3 pomodori maturi a pezzetti, 2 cm. radice di zenzero, 2 spicchi d'aglio, 1 melanzana, 1 peperone, 1 cucchiaio di paprika, 1/2 tazza di brodo di pollo, 1 foglia di alloro, 2 cucchiai di olio di arachidi, peperoncino, sale e pepe.

- **I**n una pentola di coccio far riscaldare l'olio ed aggiungere il pollo, pulito e tagliato in piccoli pezzi.
- **F**ar soffriggere per qualche minuto ed aggiungere le cipolle e l'aglio tritati, i pomodori, lo zenzero grattuggiato, la melanzana e il peperone tagliati a cubetti, a foglia di alloro, la paprika, sale e pepe.
- **A**ggiungere il brodo, coprire in maniera tale che ci sia una perdita minima di vapore e cuocere a fiamma media per 1 ora circa mescolando ogni 5/10 minuti *(se necessario aggiungere un po' d'acqua).*
- **S**ervire il pollo caldo accompagnato da "igname" *(polenta di manioca, simile al "garri" nigeriano, pag.24*), da riso bianco o da "attiéké" *(pag.38).*

Pollo Mwambe

(pollo in salsa di arachidi e manioca)

Ingredienti

(per 4 persone)

4 cosce di pollo, 100 g di burro di arachidi, 100 g di foglie di manioca *(sostituibili con spinaci o bietola)*, 2 cucchiai di olio di palma, 2 foglie di alloro, 2 bicchieri d'acqua, 1 peperone rosso, 2 spicchi d'aglio, sale e pepe

Preparazione

- **I**n una pentola con acqua bollente mettere le foglie di manioca e cuocere per 1 ora e ½ . *(Se vengono utilizzati spinaci o bietole la cottura sarà molto più breve)*.
- **I**n una padella scaldare l'olio di palma e rosolarci il pollo fino a completa doratura.
- **N**ella padella con il pollo aggiungere l'acqua, il burro di arachidi, l'alloro, l'aglio tritato, il peperone tagliato finemente, sale e pepe. Cuocere per 1 ora circa.
- **S**ervire versando il pollo con la salsa su un letto di foglie di manioca. Accompagnare con riso bianco.

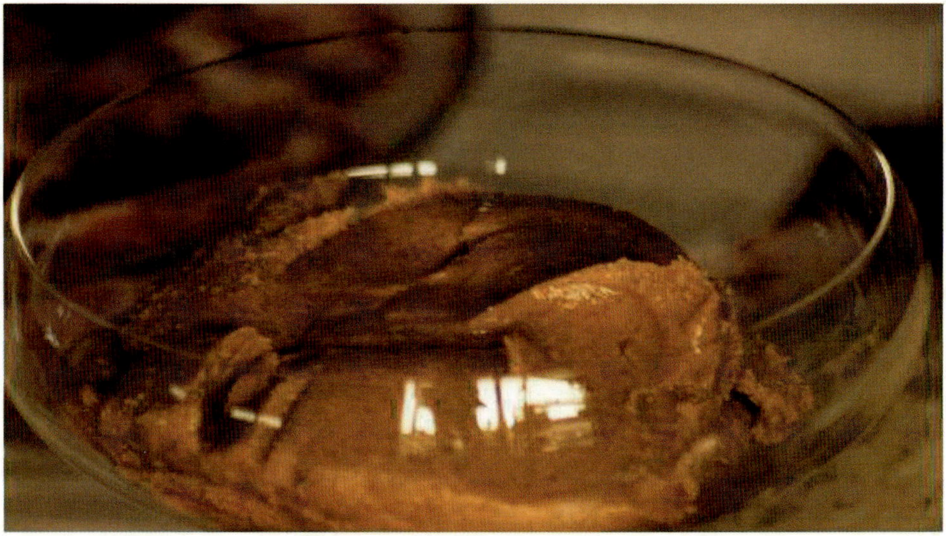

SUDAFRICA

Bobotie

(pasticcio di manzo)

Ingredienti

(per 6 persone)

1 kg di manzo macinato, 2 fette di pan carré, 2 cipolle, 25 g di burro, 2 spicchi d'aglio, 2 cucchiaini di curry in polvere, prezzemolo fresco, 3 chiodi di garofano, 2 cucchiai di mandorle a lamelle,
2 cucchiai di uvetta sultanina, 6 foglie di alloro, 1 bicchiere d'acqua, 300 ml di latte intero, 2 uova, sale e pepe

Preparazione

- **A**ccendere il forno a 180°e farlo riscaldare bene. Bag nare le fette di pan carré in modo da ammorbidirle bene.
- **I**n una padella far sciogliere il burro e rosolarvi le cipolle tritate per 10 minuti circa *(le cipolle devono risultare morbide e trasparenti).*
- **A**ggiungere l'aglio tritato e la carne macinata, far cuocere per qualche minuto e quando risulta ben rosolata aggiungere il curry, l'alloro, i chiodi di garofano, il prezzemolo tritato, il sale, abbondante pepe ed il bicchiere d'acqua. Coprire e cuocere per 15 minuti circa.
- **Q**uando risulta asciutto, togliere l'alloro ed i chiodi di garofano (*per facilitare questa operazione i chiodi si possono infilare su mezza cipolla*), aggiungere il pane ben strizzato, l'uvetta e le mandorle, amalgamare bene e disporre il tutto in una pirofila imburrata pressando bene.
- **F**are una pastella con le uova ed il latte e versare il composto sulla carne macinata. Guarnire con foglie di alloro ed infornare fino a che la parte superiore del pasticcio non risulta ben gratinata.

Sosaties

(spiedini di agnello in agrodolce)

Ingredienti
(per 6 persone)

1 kg di agnello *(o montone)*, 1 tazza e ½ di albicocche secche, 3 cucchiai d'olio di arachidi, 2 cipolle, 2 spicchi d'aglio, 1 cucchiaio di curry in polvere, 3 tazze di aceto bianco, 2 tazze d'acqua, 1 tazza di vino rosso, 2 cucchiai di pasta di tamarindo *(o marmellata di albicocche)*, 2 cucchiai di zucchero di canna, 2 foglie di alloro, sale e pepe.

Preparazione

- **I**n una padella scaldare l'olio e soffriggervi le cipolle tritate per 5 minuti circa, aggiungere l'aglio tritato ed il curry in polvere e far soffriggere ancora per qualche minuto.
- **A**ggiungere l'acqua, il vino, l'aceto, la pasta di tamarindo, lo zucchero di canna, l'alloro e portare a bollore. Abbassare il fuoco, aggiungere sale e pepe e far cuocere lentamente per 5/6 minuti *(il composto deve risultare cremoso anche se non troppo denso).*
- **T**agliare l'agnello in pezzi di media grandezza e metterlo in una ciotola insieme alle albicocche secche. Coprire il pollo con la salsa preparata precedentemente, mescolare bene e lasciar riposare in frigorifero per almeno 24 ore.
- **I**numidire gli spiedini di bambù ed infilare i cubetti di agnello; alternare tre cubetti di agnello con una albicocca secca.
- **C**uocere gli spiedini su una griglia o su barbecue per 10 minuti circa *(devono risultare ben cotti su ambo i lati).*
- **S**ervire accompagnando gli spiedini con la salsa della marinatura, riscaldata e frullata, e con riso bianco.

A secondi dei gusti si possono aggiungere altre spezie alla marinata, come ad esempio zenzero, coriandolo, cumino o curcuma.
Si possono inoltre aggiungere alla carne e alle albicocche delle fette di cipolla e dei pezzi di peperone che verranno poi infilati negli spiedini insieme al resto.

Frikkadels

(polpette brasate)

Ingredienti
(per 4 persone)

500 g di carne di manzo macinata, 1 cipolla tritata, 1 tazza di pangrattato, 3 spicchi d'aglio tritati, 1 cucchiaio di paprika, 2 cucchiai di prezzemolo fresco tritato, 1 cucchiaio di timo fresco tritato, 1 cucchiaio di menta fresca tritata, 2 uova, 2 cucchiai d'olio di arachidi, sale e pepe.

Preparazione

- **I**n una ciotola unire tutti gli ingredienti e amalgamare bene. Fare delle polpette.
- **S**caldare l'olio in una padella e rosolare bene le polpette da entrambe i lati. Abbassare la fiamma e cuocere per circa 30 minuti.
- **S**ervire accompagnando le polpette con un puree di patate aromatizzato con uno spicchio d'aglio schiacciato.

Romazava

(stufato di manzo e verdure)

Ingredienti
(per 6 persone)

1 kg di manzo, 1 kg di spinaci, 1 kg di crescione, 4 pomodori, 2 cipolle, ½ radice di zenzero, ½ peperone verde, 3 spicchi d'aglio, 1 l d'acqua, 1 cucchiaio di olio di arachidi, sale e pepe.

Preparazione

- **M**ondare e lavare le verdure. Tagliare la carne in piccoli pezzi e metterla a soffriggere con un cucchiaio d'olio.
- **A**ggiungere le cipolle a fettine, l'aglio tritato, lo zenzero pelato e tritato finemente ed il peperone verde tagliato a listarelle. Far soffriggere il tutto per 5 minuti.
- **A**ggiungere i pomodori pelati e tagliati a cubetti, l'acqua, sale e pepe e lasciar cuocere per 30 minuti circa.

Pollo al Cocco

Ingredienti
(per 5 persone)

1 kg di pollo, 400 g di riso basmati, 400 ml di latte di cocco, 1 cipolla, 2 cucchiai di olio di oliva, 1 ciuffetto di prezzemolo, 200 ml di passata di pomodoro, 1 bicchiere d'acqua, sale e pepe

Preparazione

- **P**ulire e tagliare il pollo in pezzi di media grandezza. In una padella scaldare l'olio e rosolarci il pollo fino a quando non diventa dorato.
- **A**ggiungere la cipolla tagliata a fettine, rosolare ancora per qualche minuto ed aggiungere la passata di pomodoro e il bicchiere d'acqua.
- **A**ggiungere il latte di cocco, sale, pepe e peperoncino coprire e cuocere per almeno 30 minuti *(il latte deve formare una crema morbida amalgamandosi con gli altri ingredienti).*
- **D**ue minuti prima della fine della cottura aggiungere il prezzemolo tritato.
- **A** parte cuocere il riso *(pag.14)*.
- **S**ervire il pollo con la sua salsa su un letto di riso bianco.

Vari Amin Anana

(riso con carne e verdure)

Ingredienti

(per 2 persone)

500 g di manzo, 1 cucchiaio di olio di oliva, 1 pomodoro, 1 scalogno, 100 g di carote, 200 g di spinaci, 50 g di crescione, 250 ml d'acqua, 150 g di riso basmati, sale e pepe

Preparazione

- **S**caldare in una padella capiente l'olio e mettervi a soffriggere la carne per qualche minuto. Aggiungere il pomodoro e continuare la cottura per altri 10 minuti.
- **A**ggiungere lo scalogno, le carote, gli spinaci ed il crescione, unire l'acqua in modo da coprire gli ingredienti e far cuocere a fuoco basso per almeno 10/15 minuti mescolando di tanto in tanto.
- **A**ggiungere il riso, il sale ed il pepe proseguire con la cottura fino a quando il riso risulta cotto e l'acqua completamente assorbita.
- **S**ervire accompagnando il piatto con una salsa piccante *(tipo "sossou kani pag.13).*

PESCE

SENEGAL

Chebou Jen

(riso con pesce)

Ingredienti

(per 6 persone)

1 kg di riso bianco, 1 kg di pesce (*in Senegal si usa il Thiof, Cernia, per le occasioni importanti, ma sono anche indicati altri tipi di pesce, più comuni e meno cari, come ad esempio le orate o le mormore)*, 100 g di ghedgi (*pesce secco, facoltativo e sostituibile con alici sott'olio*), 1 cipolla grande, 3 spicchi d'aglio, 1 cucchiaio di nokhos, 1 cucchiaio di roff, 150 g di concentrato di pomodoro, 2 carote, 100 g di zucca, ½ cavolo, 1 melanzana, ½ manioca, olio di semi, pepe e sale

Preparazione

- **P**ulire il pesce, squamarlo e tagliarlo in grosse fette di circa 5 cm; bucare la polpa con un coltello ed inserirci il "roff" *(pag.13)*. Soffriggere poi il pesce in olio di semi per qualche minuto da ambo i lati.
- **T**ogliere dalla pentola il pesce e soffriggere metà della cipolla tritata, con sale e pepe. Dopo qualche minuto aggiungere il pomodoro concentrato, far cuocere per cinque minuti, aggiungere mezzo bicchiere d'acqua e far cuocere per altri cinque minuti. Aggiungere poi 2,5 litri d'acqua, il ghedgi, le carote, la zucca, il cavolo, la manioca e la melanzana. Aggiungere infine il pesce e, quando bolle, un cucchiaio di "nokhos" *(pag.13)*. Lasciar cuocere per 30 minuti circa e tirar fuori gli ingredienti uno dopo l'altro a seconda della loro cottura. Disporli in una ciotola, aggiungere un tazza e mezza di brodo di cottura e coprirli in modo tale da non farli asciugare ne raffreddare.
- **L**avare bene il riso ed aggiungerlo al brodo. Portare ad ebollizione e poi abbassare il fuoco al minimo, far cuocere così il riso per una ventina di minuti circa (*durante la cottura il riso dovrebbe assorbire tutto il brodo, se necessario togliere l'eccesso di liquido o aggiungere un po' d'acqua).*
- Disporre il riso su un piatto di portata, aggiungere le verdure, il pesce, bagnare tutto con il brodo tenuto da parte e servire.

Yassa Poisson

(pesce con salsa di cipolle e riso bianco)

Ingredienti

(per 6 persone)

1 kg di riso bianco, 3 orate di media grandezza, 4 cipolle, 2 limoni, 1 ½ cucchiaio di nokhos, 1 patata, 1 carota, 1 peperone verde, olio di arachidi, sale e pepe.

Preparazione

- **P**ulire il pesce ed inciderlo con il coltello per inserirci all'interno, in vari punti, il nokhos *(pag.13)*, cospargerlo con il succo di un limone, mescolare bene e lasciarlo marinare per una decina di minuti.
- **R**iscaldare l'olio di arachidi in una pentola e friggervi il pesce.
- **P**reparare la "sossou sobble" *(pag.14)* con l'aggiunta del succo di un limone ed, eventualmente, del peperone verde, della carota e della patata tagliati finemente.
- **C**ontemporaneamente lavare e cuocere il riso bianco *(pag.14)*
- **A**ggiungere il pesce alla salsa di cipolle e terminare la cottura.
- **S**ervire accompagnando il tutto con spicchi di limone.

Firir

(pesce fritto)

Ingredienti
(per 6 persone)

3 orate grandi, 1 cucchiaio di nokhos, 2 cipolle, 1 cespo di insalata, 1 kg di patate, maionese, olio di arachidi, 1 cucchiaino di mostarda, olio di oliva, aceto balsamico, salsa di soia, sale

Preparazione

- **P**ulire il pesce, squamarlo bene e fare dei tagli su ambo i lati dove si inserirà il "nokhos" *(pag.13)*. Salare e friggere in una padella con un centimetro di olio di arachidi.
- **F**riggere a parte le patate tagliate a listarelle.
- **F**are la salsa di cipolle *(pag.14)*.
- **L**avare bene l'insalata e condirla con una salsa di olio d'oliva, un cucchiaino di mostarda, sale, aceto balsamico ed un goccio di salsa di soia.
- **C**omporre il piatto di portata creando una corona con l'insalata già condita, le patate fritte, la salsa di cipolle ed un po' di maionese. Mettere al centro il pesce e servire.

Soupe Kandia

(stufato di pesce e carne in olio di palma)

Ingredienti

(per 6 persone)

1 kg di riso, 1 trancio di pesce *(cernia o spigola),* 400 g di carne di manzo (*o agnello)*, una manciata di gamberetti sgusciati, 4 granchi, 200 g di ghedgi *(pesce secco, sostituibile con alci sott'olio)*, 250 ml di olio di palma, 1 kg di gombo, 1 cucchiaio di "nokhos", 1 tazza di concentrato di pomodoro, 2 tazze d'olio di arachidi, 1 l di acqua, sale e pepe

Preparazione

- **I**n una pentola scaldare l'olio di arachidi, tagliare la carne a cubetti e farla rosolare per qualche minuto. Aggiungere le cipolle tritate e far rosolare ancora.
- **A**ggiungere il concentrato di pomodoro e far cuocere per 5 minuti circa, aggiungere l'acqua e far cuocere per 20 minuti circa.
- **A**ggiungere il pesce fresco, il ghedgi, i granchi puliti ed aperti ed i gamberetti. Lasciar cuocere per 10 minuti.
- **P**ulire il gombo, tagliarlo a pezzi e pestarlo nel mortaio. Aggiungerlo alla preparazione assieme al "nokhos" *(pag.13)* e far cuocere per qualche minuto *(fare attenzione che la salsa non si attacchi al fondo della pentola, eventualmente aggiungere ½ bicchiere d'acqua)*
- **A**ggiungere l'olio di palma e far cuocere a fuoco basso per altri 10 minuti circa.
- **S**ervire accompagnando il piatto con riso bianco *(pag.14)*.

*Il **gombo** è una verdura di colore verde e dalla forma di una piccola zucchina, generalmente si trova congelata nei negozi di prodotti etnici.*

Tiéré Mboum

(cous cous con verza e pesce)

Ingredienti
(per 4 persone)

500 g di cous cous di miglio, 400 g di carne di manzo, 300 g di pesce fresco *(cernia o altro pesce bianco)*, 200 g di ghedgi *(pesce secco, sostituibile con alici sott'olio)*, 1 cipolla, 1 spicchio d'aglio, ½ cavolo verza, 3 cucchiai di farina di arachidi, 2 cucchiai di concentrato di pomodoro, 3 pomodori freschi, 1 cucchiaio di nokhos, 2 l d'acqua, 2 cucchiai di olio di arachidi, sale

Preparazione

- **I**n una pentola far scaldare l'olio di arachidi, tagliare la carne a dadini e farla rosolare bene.
- Aggiungere la cipolla e l'aglio tritati, il pomodoro concentrato e quelli freschi e far cuocere per 10 minuti.
- Aggiungere l'acqua, la verza sminuzzata, il ghedgi, il pesce fresco e portare a bollore. Far cuocere per 10 minuti circa, togliere il pesce fresco, privarlo delle spine, spezzettarlo e rimetterlo nella pentola con l'aggiunta del "nokhos" *(pag.13)*. Aggiungere poi la farina di arachidi, aggiustare di sale e far cuocere per 60 minuti circa *(alla fine la preparazione deve risultare cremosa).*
- **S**ervire la salsa su un letto di cous cous di miglio *(seguire la cottura dell'attiéké, pag.38).*

Boullettes de Poisson

(polpette di pesce)

Ingredienti

(per 4 persone)

1 kg di pesce spinato *(nasello o merluzzo)*, 500 g di riso, 4 spicchi d'aglio, 1 peperoncino, 4 cipolle, 1 mazzetto di prezzemolo, 1 dado, 3 cucchiai di concentrato di pomodoro, 5 pomodori freschi maturi *(o pelati)*, 100 g di mollica di pane, 1 l e ¼ di olio di arachidi, ½ cucchiaino di coriandolo in polvere, 1 l d'acqua, verdure a vostra scelta (*patate, patate dolci, cavolo, carote, melanzana, rape, manioca*), sale e pepe

Preparazione

- **M**escolare in un mortaio (*o in un mixer*) l'aglio, il peperoncino, le cipolle, il prezzemolo, il dado e pestare fino a ottenere una pasta liscia.
- **P**ulire il pesce, spezzettarlo ed aggiungerlo nel mortaio insieme alla mollica di pane. Mescolare bene l'impasto e farne delle polpette di piccole dimensioni.
- **F**riggere le polpette in olio di arachidi.
- **P**reparare nel frattempo la salsa soffriggendo in una padella la cipolla e l'aglio con due cucchiai di olio di arachidi.
- **A**ggiungere il pomodoro concentrato, i pomodori tagliati a cubetti, aggiungere 1 l d'acqua e far cuocere per 10 minuti.
- **T**agliare le verdure in piccoli pezzi ed aggiungerle alla salsa. Lasciar cuocere per almeno 30 minuti.
- **M**ettere infine le polpette nella salsa ed accompagnare il piatto con riso bianco *(pag.14)*.

Fataya

(panzerotti ripieni)

Ingredienti

(per 4 persone)

½ kg di farina bianca, 2 uova, ½ tazza di latte, ½ bustina di lievito, sale, 100 g di merluzzo, ½ cipolla, 1 spicchio d'aglio, 1 peperoncino, 2 pomodori freschi, 1 cucchiaio di concentrato di pomodoro, 2 cucchiai d'olio di arachidi, prezzemolo, sale e pepe

Preparazione

- **M**iscelare la farina con le uova, il latte, il lievito ed un pizzico di sale. Impastare bene e lasciar riposare per 30 minuti circa.
- **I**n una pentola far bollire il pesce per 10 minuti, pulirlo e metterlo in un mortaio *(o mixer)* con l'aglio, il prezzemolo, pepe e sale.
- **M**ettere in una padella l'olio a scaldare, soffriggere la cipolla, mettere poi i pomodori freschi ed il concentrato, aggiungere ½ bicchiere d'acqua e far cuocere per 10 minuti. Aggiungere il pesce e far cuocere per altri 15 minuti.
- **S**tendere l'impasto, fare dei dischi, riempirli con il ripieno e chiuderli a mezza luna schiacciando con la forchetta il bordo per non farlo aprire.
- **F**riggere i panzerotti in olio bollente.
- **S**ervirli ben caldi accompagnando con la “sossou kani” *(pag.13)*.

Fataya

NIGERIA

Riso al Cocco con Gamberi

Ingredienti
(per 4 persone)

½ kg di riso basmati, 2 tazze di latte di cocco, 16 gamberi, 3 pomodori freschi, 1 carota grande, acqua, sale e pepe

Preparazione

- **I**n una pentola mettere il latte di cocco ed eventualmente un po' d'acqua. Portare a bollore ed aggiungere il riso ben lavato con un pizzico di sale. Fare cuocere per 10 minuti.
- **A**ggiungere i gamberi, il pepe ed aggiustare di sale. Far cuocere per altri 5 minuti.
- **A**ggiungere i pomodori tagliati a cubetti e le carote tagliate alla julienne e cuocere per qualche altro minuto.

Riso al Cocco con Gamberi

Pastilla

(torta rustica con salmone e spinaci)

Ingredienti

(per 4 persone)

8 fogli di pasta filo (o 2 fogli di pasta sfoglia), 400 g di salmone fresco a fette sottili, 200 g di salmone affumicato, 200 g di spinaci, un mazzetto di coriandolo fresco *(o prezzemolo),* 20 cl di panna acida *(o panna fresca normale*), 100 g di mandorle, 100 g di burro salato, peperoncino, sale e pepe.

Preparazione

- **M**ondare gli spinaci, aggiungerli in una padella dove si è fatto sciogliere metà del burro, cuocere a fuoco vivo per 10 minuti. Aggiungere sale e pepe.
- **I**mburrare una teglia rotonda e disporvi 4 fogli di pasta filo sovrapponendoli l'un l'altro e spennellando ogni foglio con burro fuso. Alternare uno strato di spinaci, uno strato di salmone fresco, coriandolo tritato, due cucchiai di panna, uno strato di spinaci, uno strato di salmone affumicato, coriandolo e panna, e così via.
- **R**iscaldare preventivamente il forno a 180°
- **S**pennellare i restanti fogli di pasta filo con burro fuso e coprire l'ultimo strato sovrapponendoli l'un l'altro.
- **V**ersare il burro rimasto, cospargere con le mandorle in lamelle ed infornare fino a doratura.

Tajine con Polpette di Merluzzo

Ingredienti
(per 6 persone)

500 g di merluzzo, 4 spicchi d'aglio, 4 pomodori, 4 cucchiai di prezzemolo tritato, 4 cucchiai di coriandolo tritato, 5 cucchiai di olio di oliva, 1 cucchiaio di concentrato di pomodoro, 1 cucchiaino di cumino, 1 cucchiaino di paprika, 2 foglie di alloro, 1 peperoncino, qualche oliva verde, 2 cucchiai di olio di oliva, sale e pepe

Preparazione

- **P**ulire il pesce e privarlo delle spine. Metterlo in un frullatore con ½ cucchiaino di cumino, ½ cucchiaino di paprika, il sale e frullare.
- **P**reparare delle polpette con il pesce frullato.
- **R**iscaldare la base del "tajine" con l'olio e mettervi i pomodori tritati, due spicchi d'aglio schiacciati, 1 cucchiaio di prezzemolo, il concentrato di pomodoro, mezzo bicchiere d'acqua, ciò che resta del cumino e della paprika, l'alloro, sale e pepe. Cuocere a fuoco medio per almeno 10 minuti.
- **A**ggiungere le polpette, il peperoncino ed il pepe, coprire , abbassare la fiamma e far cuocere per 20 minuti circa. Poco prima di terminare la cottura aggiungere le olive.
- **C**ospargere di prezzemolo e di coriandolo, guarnire con fette di limone e servire.

Attieké Garba

(cous cous di manioca con merluzzo e cernia)

Ingredienti
(per 4 persone)

600 g di attieké, 800 g di merluzzo, 400 g di cernia, 2 cipolle, 1 scalogno, 3 pomodori, 2 peperoni, 1 dado, 1 cucchiaio di aceto, 2 uova, 50 g di farina bianca, olio, sale

Preparazione

- **T**agliare a dadini la cipolla, i pomodori, i peperoni e metterli con l'aceto e due cucchiai d'olio in una ciotola capiente. Scioglietevi il dado e lasciate marinare per 15 minuti almeno.
- **N**el frattempo pulire il merluzzo, tagliarlo in piccoli bocconcini e friggerlo in olio abbondante. Metterlo ad asciugare su carta assorbente.
- **P**ulire la cernia e schiacciarla in un mortaio con cipolla, sale, scalogno, unire le uova, la farina ed un pizzico di sale, mescolare bene e fare delle piccole polpette. Friggerle in abbondante olio.
- **C**uocere l'attieké *(pag.38)* e mescolarlo poi con le verdure marinate.
- **F**ormare nel piatto un letto di attieké ed adagiarvi il merluzzo e le polpette ancora calde.

CONGO

Insalata di Granchio alla Papaya

Ingredienti
(per 4 persone)

250 g di polpa di granchio, 700 g di cuore di palma, 1 papaya, 1 limone, 2 cucchiai di olio di oliva, sale e pepe

Preparazione

- **I**n una insalatiera disponete la polpa di granchio sgocciolata, i cuori di palma tagliati a rondelle e la papaya tagliata a pezzetti.
- **I**rrorate il tutto con il succo di un limone, unite l'olio di oliva extravergine poi regolate di sale e pepe a vostro piacere.

MADAGASCAR

Pesce al Cocco

Ingredienti
(per 6 persone)

1 kg di pesce (*tipo orata*), 1 tazza di late di cocco, 3 cipolle, 1 spicchio d'aglio, ½ radice di zenzero, 2 pomodori, 1 mazzetto di erba cipollina, 2 cucchiai d'olio di arachidi, sale e pepe

Preparazione

- **I**n una padella mettere a scaldare l'olio e soffriggervi le cipolle, l'aglio e lo zenzero per qualche minuto. Aggiungere i pomodori tagliati a cubetti e cuocere per 10 minuti.
- **P**ulire e squamare bene il pesce ed aggiungerlo alla preparazione, aggiungere il latte di cocco, coprire e far cuocere per almeno 20 minuti mescolando di tanto in tanto *(fino a quando il pesce non risulta ben cotto).*
- **A**ggiungere l'erba cipollina tritata finemente e servire accompagnando con riso bianco *(pag.14).*

Cape Malay

(pesce in salamoia)

Ingredienti

(per 6 persone)

2 kg di pesce (tipo ricciola), ½ tazza di zucchero di canna, 5 spicchi d'aglio, 2 cipolle grandi, 1 tazza di aceto di vino, ½ tazza d'acqua, 8 grani di pepe, 2 foglie di alloro, 1 cucchiaio di curry in polvere, 2 cucchiai di cumino, 2 cucchiai di coriandolo, 1 cucchiaio di curcuma, 1 peperoncino, 1l di olio di arachidi, sale e pepe

Preparazione

- **L**avare il pesce e cospargerlo di sale da entrambe i lati. Lasciarlo riposare per almeno 20 minuti.
- **S**ciacquare poi il filetto sotto l'acqua corrente, asciugarlo bene, sfilettarlo, tagliarlo in pezzi e friggerlo in olio bollente.
- **I**n una padella mettere un cucchiaio d'olio, le cipolle tritate grossolanamente, l'aglio tritato, il pepe pestato, il curry e le altre spezie, l'aceto, l'acqua, lo zucchero, l'alloro sale e pepe. Far cuocere per 10 minuti circa, fino a quando la salsa si è leggermente ritirata e le cipolle sono ancora croccanti.
- **A**ggiungere il pesce nella padella amalgamare bene, far cuocere per qualche minuto e servire.

VERDURE E LEGUMI

Akara

(frittelle di fagioli)

Ingredienti

500 g di niébé *(o fagioli dell'occhio)*, 2 bustine di lievito, sale, acqua, 1 l di olio di arachidi

Preparazione

- **L**asciare i fagioli a mollo per una notte. Frullarli poi con un mixer aggiungendo dell'acqua salata e , quando il composto è cremoso *(ma ancora granuloso)* aggiungere il lievito.
- **I**n un tegame scaldare bene l'olio ed e buttarvi cucchiaiate non tanto grandi di composto. Farle dorare bene e poi metterle su una carta assorbente per eliminare l'eccesso di olio.
- **S**ervirle ben calde accompagnandole con l'immancabile "sossou kani" *(pag.13)*.

2
1

NIGERIA

Insalata Nigeriana

Ingredienti
(per 6 persone)

1 mazzetto di lattuga, 5 carote, 3 patate, 2 cetrioli, 3 uova, 1 barattolo da 500 g di fagioli bianchi in salsa di pomodoro, 200 g di mais, 5 pomodori, olio di oliva, sale, aceto, salsa di soia, mostarda

Preparazione

- **L**essare le patate e le uova separatamente in acqua salata.
- **M**ettere in un piatto da portata capiente tutti gli ingredienti nel modo seguente: la lattuga a listarelle, le carote grattugiate, i cetrioli tagliati in piccoli pezzi e privati dei semi più grossi, il mais, i fagioli, le patate tagliate a cubetti, i pomodori tagliati a cubetti e privati dei semi ed infine le uova tagliate a rondelle.
- **C**ondire a piacere o con una semplice vinagrette (*olio, sale, aceto, salsa di soia, mostarda*) o con unna salsa pronta per condire insalate esotiche.

Se si preferisce un'insalata più croccante sostituire la lattuga con cavolo cappuccio tagliato a fette sottili.

Insalata Nigeriana

ERITREA

Scirò

(puré di ceci)

Ingredienti
(per 4 persone)

500 g di farina di ceci, 1 cipolla, 3 cucchiai di salsa di pomodoro, 1 l d'acqua, olio di arachidi, sale e pepe

Preparazione

- **I**n una padella scaldare l'olio e soffriggervi la cipolla per qualche minuto. Aggiungere poi la salsa di pomodoro e l'acqua.
- **Q**uando l'acqua inizia a bollire versare la farina di ceci lentamente senza fare grumi e far cuocere per 10/15 minuti circa mescolando frequentemente *(la consistenza deve essere piuttosto densa).*

Alliccia

(verdure speziate)

Ingredienti
(per 4 persone)

½ kg di cipolle, 1 kg di fagiolini, 1 kg di patate, 1 kg di carote, 2 gambi di sedano, 1 dado di verdure, ½ kg di salsa di pomodoro, curry, 2 spicchi d'aglio, 1 l d'olio di arachidi, sale

Preparazione

- **I**n una padella capiente scaldare 2 cucchiai d'olio e soffriggervi le cipolle per qualche minuto; aggiungere la salsa di pomodoro, il curry, l'aglio, il sale ed il dado.
- **I**n una pentola scaldare il resto dell'olio e friggere tutte le verdure tagliate a piccoli pezzi.
- **A**ggiungere le verdure alla salsa e far cuocere ancora per qualche minuto.

*Sia lo **"Scirò"** che l'**"Alliccia"** sono considerati contorni e si abbinano a piatti di carne serviti sull'"Injera"* *(pag.30)*

1

2

Focaccine di Manioca

Ingredienti
(per 4 persone)

150 g di manioca bollita, 150 g di farina bianca, 1 cucchiaino di lievito, 25 g di burro, 2 cucchiai di olio di oliva, sale

Preparazione

- **T**ritare la manioca bollita finemente e mescolarla in una ciotola con la farina, il lievito, il burro precedentemente ammorbidito ed il sale.
- **S**tendere l'impasto, aiutandosi con della farina, fino ad ottenere uno spessore di circa 1 cm. Con l'aiuto di un bicchiere tagliare dei dischi che poi si friggeranno in olio bollente.
- **S**ervire le focaccine ben calde.

Crema di avocado e mais

Ingredienti
(per 10 persone)

2 avocado, 100 g di mais bollito, 4 cucchiai di maionese, 1 cipolla, 1 cucchiaio di senape, 2 spicchi d'aglio, 1 limone, sale e pepe

Preparazione

- **S**bucciare gli avocado e privarli del nocciolo, schiacciarli fino ad ottenere una crema. Cospargere la polpa dell'avocado con del succo di limone e mescolare bene *(per evitare che annerisca).*
- **T**ritare aglio e cipolla ed unirli alla polpa, unire poi il mais, la maionese, la senape, sale e pepe e mescolare bene.
- **S**ervire la salsa di avocado fredda.

Pap in Salsa Chakalaka

(polenta di mais in salsa di verdure)

Ingredienti

(per 4 persone)

250 g di farina di mais, 2 cucchiai di margarina, ½ litro d'acqua, sale, 2 cucchiai di olio di arachidi, 1 cipolla, 1 spicchio d'aglio, 1 peperone verde, ½ cavolo, ½ cavolfiore, 2 peperoncini, 2 pomodori, 400 g di fagioli in scatola al pomodoro *(facoltativo)*, sale e pepe

Preparazione

- **P**reparare la polenta mettendo a bollire l'acqua con il sale e versando lentamente la farina in modo tale da non formare grumi. Aggiungere la margarina e mescolare bene e cuocere lentamente per circa 40 minuti *(se si usa farina precotta il tempo di cottura non supererà i 15 minuti).*
- **I**n una padella scaldare l'olio e soffriggervi la cipolla tagliata finemente, l'aglio tritato, il peperone, il cavolo, il cavolfiore, le carote tutto tagliato in piccoli pezzi. Far cuocere per 10 minuti circa ed aggiungere i pomodori, il peperoncino ed i fagioli. Cuocere per altri 15 minuti.
- **S**ervire la polenta con la salsa di verdure ben calda.

MADAGASCAR

Lasary Karaoty

(insalata di carote)

Ingredienti

(per 4 persone)

500 g di carote, 250 g di fagiolini, 750 g di cavolo verde, 50 g di zenzero fresco, 1 cucchiaio di aceto, 1 cucchiaino di zafferano, pepe, sale ed olio di oliva

Preparazione

- **T**agliare a listarelle sottili le carote, i fagiolini ed il cavolo e farli sbollentare per pochi minuti in acqua bollente salata *(devono rimanere croccanti).*
- **S**pellare la radice di zenzero e grattugiarlo, farlo rosolare per qualche minuto in una padella con olio caldo e con l'aggiunta di sale e pepe.
- **N**ella padella aggiungere le verdure, mescolare velocemente, spegnere il fuoco, aggiungere l'aceto e mescolare ancora.
- **S**ervire come contorno.

Mofou Sakai

(frittelle di crescione)

Ingredienti

(per 4 persone)

½ kg farina, 2 cucchiaini di bicarbonato, 1 mazzo di crescione, 4 pomodori freschi, acqua, sale e pepe

Preparazione

- **S**etacciare la farina in una ciotola ed aggiungere sale e pepe. Aggiungere gradualmente dell'acqua fino ad avere una pastella omogenea e morbida.
- **T**agliuzzare finemente il crescione ed i pomodori, mettere il tutto nella pastella e lasciar riposare per 1 ora.
- **S**caldare bene l'olio e buttare delle cucchiaiate di pastella facendo delle frittelle. Cuocerle bene, salarle in superficie e servirle calde.

DOLCI

Thiakri

(cous cous di miglio dolce)

Ingredienti

(per 6 persone)

300 g di cous cous di miglio, ½ kg di yogurt bianco, 150 ml di latte condensato non zuccherato, 40 g di burro, cannella in polvere, noce moscata, 2 cucchiai di uva passa, zucchero a piacere

Preparazione

- **C**uocere il cous cous *(pag.38)* aggiungendo a metà cottura l'uva passa.
- **M**escolare lo yogurt con il latte condensato, la cannella, la noce moscata e lo zucchero.
- **S**ervire facendo delle coppette con due cucchiai di cous cous ricoperti dalla salsa di yogurt.
- **I**l thiakri è molto gustoso con l'aggiunta di frutta fresca a pezzetti.

Beignets Senegalaise

(frittelle)

Ingredienti

500 g di farina bianca, 300 g di zucchero, 100 g di cocco grattugiato, 2 uova, 20 cl di latte intero, 10 cl di olio di arachidi, 1 bustina di lievito, 1 l di olio per friggere

Preparazione

- **I**n una ciotola mettere la farina, il lievito, lo zucchero ed il cocco tritato e mischiare bene.
- **I**n un altro contenitore sbattere le uova con l'olio ed il latte ed unire il tutto agli ingredienti secchi.
- **L**asciare riposare per un'ora l'impasto.
- **S**caldare l'olio e buttare cucchiaiate di impasto facendo dorare uniformemente le frittelle.

NIGERIA

Schiacciatine croccanti di miglio

Ingredienti

(per 4 persone)

250 g di farina o di fiocchi di miglio *(si trovano generalmente in negozi di alimenti biologici),* 300 g di acqua tiepida, 2 cucchiai di olio d'oliva, 100 g di zucchero di canna, un pizzico di sale, miele

Preparazione

- **M**ettere la farina di miglio in una ciotola, aggiungere lo zucchero, il sale, l'olio e, lentamente, l'acqua tiepida. Mescolare bene fino ad ottenere un impasto morbido ed omogeneo. Lasciarlo riposare per 3-4 ore.
- **U**ngere una padella antiaderente con un po' d'olio e mettere a cuocere un po' dell'impasto schiacciandolo leggermente per ottenere delle focaccine, farle diventare croccanti da ambo i lati.
- **S**ervire accompagnando le schiacciatine con del miele o sciroppo d'acero.

ERITREA

Hembesha Dolce

(ciambella dolce)

Ingredienti

500 g di farina, 25 g di levito di birra, ¼ cucchiaino di cardamomo in polvere, 1 cucchiaino di cumino, 100 g di burro ammorbidito, 2 tazze di uvetta, 1 cucchiaino di sale, 50 g di zucchero, 2 uova, 250 g di latte tiepido

Preparazione

- **S**ciogliere il lievito in acqua tiepida, unirlo in un grande ciotola con le uova e le spezie, il burro ammorbidito ed il latte tiepido, mescolare bene.
- **A**ggiungere lentamente gli ingredienti secchi *(la farina, lo zucchero, il sale)* e lavorare l'impasto su una spianatoia per 10 minuti. Aggiungere l'uvetta ed impastare bene.
- **L**asciar lievitare l'impasto in un luogo caldo per 1 ora circa,
- **I**mpastare il composto nuovamente e riporlo a lievitare ancora per 30 minuti.
- **I**mburrare una teglia ed infornare la pagnotta, dopo averla pressata bene, a forno molto caldo per circa 35/40 minuti. Poco prima della fine della cottura spennellare la superficie con del burro fuso e rimettere in forno per qualche minuto.

Insalata di frutta congolese

Ingredienti
(per 4 persone)
250 g di datteri, 200 g di polpa di cocco grattugiata, 100 g di arachidi tostate, 4 arance, 75 ml di Cointreau, 2 cucchiai di succo d'arancia

Preparazione
- **P**rivare i datteri del nocciolo e tagliarli in piccoli pezzi.
- **S**bucciare le arance, spellare gli spicchi e tagliarli a metà.
- **U**nire i datteri con le arance, le arachidi e la polpa di cocco. Irrorare con il liquore.
- **S**ervire in delle coppette aggiungendo un cucchiaio di succo d'arancia e guarnendo con le arachidi tritate.

Arance Dolci

Ingredienti
(per 4 persone)

4 arance, 1 tazza di datteri secchi, 1 tazza di arachidi tostate, 2 mele, 1/3 di tazza di grappa all'albicocca, 1/3 di tazza di succo d'arancia

Praparazione

- **S**pellare e tagliare le arance a fette di circa 1 cm di spessore.
- **T**agliare le mele a metà, togliere il torsolo e svuotarle di un po' della polpa
- **M**etterle in un mixer le arance, i datteri, la polpa della mela e le arachidi e frullare bene.
- **M**escolare il composto con la grappa ed il succo d'arancia
- **R**iempire le mele con il composto ed infornate a 180° pe r 40 minuti circa

La ricetta originale prevede noci di cocco al posto delle mele. Vengono quindi tagliate a metà, riempite con la composta di arance e servite fredde anziché calde.

SUDAFRICA

Pears Chutney

(composta di pere piccante)

Ingredienti

(per 4 persone)

750 g di pere mature, 350 g di cipolle bionde, 200 g di albicocche secche, 1 peperoncino, 2 cucchiaini di uvetta sultanina, 1 manciata di noci, 200 g di zucchero, ½ cucchiaino di sale, 1 cucchiaino di zenzero fresco grattugiato, ½ cucchiaino di semi di coriandolo in polvere, ½ cucchiaino di semi di senape, 40 cl di aceto di vino bianco

Preparazione

- **S**bucciare le pere, eliminare i torsoli e tagliarle a cubetti. Sbucciare le cipolle e tritarle finemente. Mettere a macerare le albicocche con due cucchiai di aceto.
- **I**n un tegame di coccio mettere le pere, le cipolle e le albicocche sgocciolate dall'aceto e far cuocere lentamente per circa 30 minuti mescolando di tanto in tanto fino a quando gli ingredienti non saranno ammorbiditi.
- **A**ggiungere l'uva passa, le noci, lo zucchero, il sale, le spezie, gli aromi e l'aceto. Alzare la fiamma e proseguire nella cottura fino a quando lo zucchero sarà completamente sciolto. Abbassare la fiamma e continuare a cuocere per circa 1 ora abbondante, mescolando di tanto in tanto.
- **S**ervire con gallette o per accompagnare piatti di carne *(ottima anche da gustare con formaggi).*

Latte in Piedi

(budino di cioccolato)

Ingredienti

(per 4 persone)

100 g di cioccolato, 100 g di zucchero, 100 g di farina bianca, 100 g di burro, 100 cl di latte, 1 bicchierino di rum

Preparazione

- **I**n una padella far caramellare lo zucchero e quando raggiunge un colore rossiccio aggiungere il burro ed il rum.
- **A**ggiungere il cioccolato, la farina e, lentamente, il latte.
- **F**ar cuocere il composto per una ventina di minuti, versarlo in uno stampo per budini e farlo raffreddare immergendo lo stampo in una ciotola di acqua fredda.

Barrette Croccanti

Ingredienti
(per 4 persone)
300 g di miele, 150 g di zucchero di canna, 150 g di burro, 300g di fiocchi di avena, 100 g di noci tritate, 100 g di nocciole tritate, 100 g di mandorle tritate, 10 cl di olio di semi, 200 g di cioccolato al latte.

Preparazione

- **V**ersare il miele e lo zucchero in una casseruola, fare scaldare a fuoco medio fino al completo scioglimento dello zucchero. Unire il burro e togliere dal fuoco.
- **Q**uando la miscela si è raffreddata unire i fiocchi d'avena, la frutta secca e l'olio. Mescolare bene.
- **A**ccendere il forno a 180°, versare il composto in una t eglia uniformandolo bene. Spezzettare il cioccolato e cospargerlo sulla superficie del composto.
- **I**nfornare per 10/15 minuti e, quando il cioccolato sarà completamente sciolto, tirare fuori la teglia e spalmarlo uniformemente sulla superficie del composto.
- **L**asciare raffreddare e tagliare in barrette rettangolari.

Koeksisters

(trecce glassate)

Ingredienti

270 g di zucchero di canna, 100 ml di acqua, 1 cucchiaino di cannella in polvere, 30 g di burro, 1 fettina di limone, 1 uovo, 180 g di farina, 1 bustina di lievito per dolci, olio per friggere

Preparazione

- **I**n una pentola mettere lo zucchero di canna, l'acqua, la cannella, il limone e portare ad ebollizione. Togliere il limone e fare raffreddare
- **I**n una ciotola mettere l'uovo ed il burro ammorbidito e mescolarli bene con una frusta. Unire la farina setacciata, il lievito e mescolare bene.
- **C**on l'aiuto di un matterello fare una sfoglia spessa circa 1 cm, tagliarla in 18 quadrati, in ogni quadrato fare due tagli verticali *(mantenendo una parte unita all'inizio)* e fare una treccia con le tre strisce che ne risultano.
- **F**riggere le trecce in abbondante olio caldo, scolarle su una carta assorbente, metterle in una ciotola e cospargerle con lo sciroppo.
- **S**ervirle sia calde che fredde.

Koeksisters

Haromboankazo

(insalata di frutta)

Ingredienti

1 ananas, 3 maracuja, 2 arance, 2 mandarini, 2 banane, 2 manghi, 1 papaya, 2 cucchiaini di cannella.

Preparazione

- **P**elare a tagliare a cubetti tutta la frutta.
- **M**etterla in una ciotola e cospargerla con la cannella. Lasciarla macerare in frigorifero per un'oretta e servire.

Mofo Akondro

(frittelle di banane)

Ingredienti

2 banane, ½ kg di farina bianca, 1 cucchiaio di zucchero, 2 uova, 1 tazza d'acqua, olio per friggere

Preparazione

- **P**reparare la pastella mescolando in una ciotola la farina, lo zucchero, le uova, e l'acqua (*la consistenza della pastella non deve essere troppo liquida).*
- **T**agliuzzare finemente le banane ed aggiungerle alla pastella.
- **I**n una pentola scaldare bene l'olio per la frittura e buttarvi cucchiaiate di pastella fino a doratura uniforme.

Petits sablés à la Vanille de Madagascar

(biscotti alla vaniglia)

Ingredienti

1 uovo, 125 g di zucchero di canna, 125 g di burro ammorbidito, 2 bacche fresche di vaniglia, 1 bustina di vanillina, 250 g di farina, 1 pizzico di sale

Preparazione

- **I**n una ciotola mescolare le uova con lo zucchero ed il sale. Aggiungere il burro ammorbidito ed i grani di vaniglia pestati.
- **A**ggiungere la farina setacciata, la vanillina ed impastare velocemente. Lasciar riposare la pasta in frigo per un paio d'ore.
- Stendere l'impasto in una sfoglia di 2 cm circa di spessore e, aiutandosi con un bicchiere, ritagliare dei tondi di pasta.
- Metterli in forno e farli cuocere a 180° per circa 20 minuti.

BEVANDE

Proponiamo qui una serie di bevande comuni a molti paesi dell'Africa Occidentale.

Bissap

(bevanda ai fiori d'ibisco)

Ingredienti

250 g di fiori secchi d'ibisco, 2 l d'acqua, zucchero a piacere, un mazzetto di menta fresca, noce moscata

Preparazione

- **S**ciacquare bene i fiori di bissap; mettere l'acqua in un tegame e portare a bollore. Spegnere, aggiungere i fiori e lasciare in infusione per 10 minuti.
- **S**colare ed aggiungere lo zucchero, la menta ed un pizzico di noce moscata.
- **I**l succo del bissap è servibile sia molto freddo che molto caldo, a seconda dei gusti e della stagione.

Buye

(bevanda al frutto di baobab)

Ingredienti

250 g di buye (*semi del baobab*), 1 l d'acqua, zucchero a piacere, noce moscata

Preparazione

- **S**ciacquare bene i semi del baobab; mettere l'acqua in un tegame e portare a bollore. Spegnere il fuoco ed aggiungere il buye lasciando in ammollo per 1 ora circa. Mescolare di tanto in tanto cercando di schiacciare in modo tale da separare la polpa dal seme.
- **S**colare bene, aggiungere lo zucchero ed un pizzico di noce moscata.
- **S**ervire molto freddo.

1
4
2
3

Tamarindo

Ingredienti

150 g di frutti secchi di tamarindo, 1 l d'acqua, zucchero

Preparazione

- **M**ettere a bollire l'acqua in una casseruola; spegnere ed immergerci i frutti secchi del tamarindo. Lasciare in infusione per 1 ora circa.
- **M**escolare di tanto in tanto cercando di schiacciare i semi e separarli dalla polpa.
- **C**olare ed aggiungere lo zucchero.
- **S**ervire molto freddo

Zenzero

Ingredienti

450 g di radice di zenzero fresca, 2 l d'acqua, zucchero

Preparazione

- **S**pellare e tritare lo zenzero *(con mixer o grattugia)*, mettere a bollire l'acqua, spegnere ed aggiungere la polpa dello zenzero. Lasciare in infusione per 1 ora circa.
- **S**colare ed aggiungere lo zucchero.
- **S**ervire molto freddo.
- **R**isulta molto gustoso aggiungendo 500 cl di succo d'ananas.

3
4
2
1

Finito di stampare
nel mese di dicembre 2016